Bernd Römmelt

MÜNCHEN

Bernd Römmelt

MÜNCHEN

rosenheimer

Blick an der Feldherrnhalle vorbei auf die Türme des Münchner Liebfrauendoms
View past the Feldherrnhalle fowards the towers of the Liebfrauendom (Cathedral Church of Our Lady)

München, die Stadt vor den Alpen. Vom Olympiaberg hat man den schönsten Blick auf die berühmte »Skyline«.
Munich, city at the foot of the Alps. From the Olympic Hill you will enjoy the best view of the famous "skyline". ➔

Inhalt

Contents

Die heimliche Hauptstadt

Wer sich München langsam aus der Vogelperspektive nähert, wenn er beispielsweise in der Warteschleife über dem neuen Flughafen in Erding festsitzt und von oben auf die Stadt blickt, dem wird bei sorgfältiger Betrachtung etwas auffallen: Aus der Luft sind keine nennenswerten Wolkenkratzer oder riesigen Industrieanlagen zu erkennen. Lauter kleine Häuser, die auch im Zentrum der Stadt nicht größer werden. Man fragt sich: Ist das wirklich München, die Stadt mit 1,3 Millionen Einwohnern, die bayerische Metropole, die zweitgrößte Verlagsstadt der Welt, das High-Tech-Zentrum, in dem weltbekannte Unternehmen wie BMW oder Siemens ihren Sitz haben, die heimliche Hauptstadt Deutschlands? Auf den ersten Blick ist das alles nur schwer zu glauben, doch es stimmt. München hat zumindest optisch den Charakter eines großen Dorfes bewahrt. Im Stadtzentrum darf kein Haus die 99 Meter hohen Türme des Liebfrauendoms überragen. Und auch außerhalb des Stadtkerns haben lediglich das BMW-Hochhaus und die Firmenzentrale der HypoVereinsbank etwas von einem Wolkenkratzer.

Was ist das also für eine Stadt, in der zwar einerseits »halb Deutschland« leben will, in der fünf große Tageszeitungen erscheinen, was sicherlich ein Indikator für Liberalität und Weltoffenheit ist, die aber andererseits von einer nicht unbedeutenden Zahl von Menschen als provinziell, engstirnig, arrogant, größenwahnsinnig und »großkotzig« empfunden wird? Blicken wir in Münchens Vergangenheit:

Man schrieb das Jahr 1156. Etwas nördlich vom heutigen München gab es bereits das hübsche Städtchen Freising. Dieses und sein mächtiger Bischof profitierten von der nahe gelegenen Salzstraße, die in Föhring über die Isar führte und dem Bistum eine Menge Zolleinnahmen bescherte. Heinrich der Löwe, Herzog von Bayern und Sachsen, hatte jedoch anderes im Sinn. Er wollte diese Geldquelle selber nutzen und ließ kurzerhand die Brücke niederbrennen und weiter oben nahe der kleinen Siedlung »apud Munichen« (bei den Mönchen) wieder aufbauen. Der Grundstein für das junge München war gelegt. Im Jahr 1158 wurde der Ort zum ersten Mal urkundlich erwähnt. Von da an begann ein unaufhaltsamer Aufstieg. 1240 geht München in den Besitz des Hauses Wittelsbach über, 1328 wird die herzogliche Teilresidenz sogar Kaiserstadt und beherbergt bis 1350 die Reichskleinodien. 1504 wird München die alleinige Hauptstadt des Herzogtums Bayern, 1623 gar kurfürstliche Residenz.

Als im Zuge des Dreißigjährigen Krieges der Schwedenkönig Gustav II. Adolf die Stadt 1632 eroberte, gefiel ihm München angeblich so gut, dass er von einer Zerstörung absah, freilich gegen eine hohe Summe Lösegeld. Dennoch hatten der Krieg und eine anschließende Pestwelle schlimme Spuren hinterlassen, vor allem die Bevölkerung war arg dezimiert.

Später war Kurfürst Max Emanuel I. glücklich, dass seine Stadt noch stand, und ließ in der Hoffnung auf den Kaisertitel das Schloss Schleißheim im Norden der Stadt als zukünftige Residenz errichten. Darüber hinaus baute er Nymphenburg, das einst anlässlich seiner Geburt entstanden war, prachtvoll aus und befahl den Bau von Schloss Fürstenried. Diese Residenzen eiferten wie der Kurfürst selbst dem großen Vorbild Versailles und dem französischen Sonnenkönig nach.

Als 1825 Ludwig I. als König den bayerischen Thron bestieg, befreite er München von seinen mittelalterlichen Strukturen und verwandelte es in eine glanzvolle klassizistische Metropole. Die wuchtigen Gebäude in der nach ihm benannten Ludwigstraße zeugen davon.

Ein Jahrhundert später waren es Adolf Hitler und sein Größenwahn, die München wieder verändern sollten. München wurde zur »Hauptstadt der Bewegung« erklärt und sollte zu einem monumentalen Koloss umgebaut werden. Die eigentliche Umgestaltung brachten dann allerdings die Bombardements während des Zweiten Weltkriegs. Fast die Hälfte aller Gebäude wurde vernichtet. Doch anders als in vielen Städten des zerstörten Deutschlands, in denen nach dem Krieg die Innenstädte ganz neu entworfen wurden, bauten die Münchner ihre heiß geliebte Stadt so originalgetreu wie irgend möglich wieder auf.

In der Nachkriegszeit begann München dann so richtig zu boomen. Die Bevölkerung wuchs explosionsartig, und bereits 1957 war die Millionengrenze erreicht. Den damit einhergehenden chronischen Mangel an Wohnraum konnten auch die neu entstehenden Schlafstädte nicht wirklich beheben.
1972 wurde die Austragung der Olympischen Spiele zu einem weiteren Meilenstein in der Entwicklung der Stadt. Das neu errichtete Olympiagelände mit seiner unverkennbaren Architektur, den scheinbar schwerelosen Zeltdächern, eingebettet in einen weitläufigen Park, war bald ein Markenzeichen Münchens, zudem erhielt die Stadt eine U-Bahn. Das Stadtbild war nun gleichsam ein Beweis dafür, dass Tradition und Moderne kein Widerspruch sein müssen. München ist seitdem endgültig eine Stadt von Welt. Und als das Wort von der »heimlichen Hauptstadt« Deutschlands auftauchte, waren die Münchner darüber nicht unglücklich. Berlin taugte aufgrund der Teilung schließlich nicht wirklich zur Hauptstadt, und Bonn nahm man ohnehin nicht ernst. Erst die Wiedervereinigung stellte die ursprüngliche Rangfolge wieder her.
Dennoch spielte München nie eine nachgeordnete Rolle. Medienunternehmen, High-Tech-Firmen und Künstler aus aller Welt siedeln sich noch immer besonders gern in München an. Die Stadt gilt bis heute als die attraktivste in Deutschland. Die Nähe zu den Bergen, das unbeschreiblich schöne Alpenvorland mit seinen vielen kleinen und großen Seen, geben München eine Anziehungskraft, die ihresgleichen sucht.
Und wenn wieder einmal im Februar der Föhn, der berühmte Fallwind aus dem Süden, die Temperaturen unvermittelt auf plus fünfzehn Grad ansteigen lässt und die Münchner alles stehen und liegen lassen, um mitten im Winter in ihre geliebten Biergärten und Straßencafés zu strömen, dann versteht man, warum dieses »Dorf am nördlichsten Rand Italiens« einfach etwas ganz Besonderes ist.

The Secret Capital

The famous city of Munich has kept at least outwardly the character of a big village. In the city centre no building is allowed to be raised higher than the towers of the Liebfrauendom, which are 99 m. What sort of city is this, where on the one hand "half of Germany" would like to live there, and on the other hand it is sometimes thought of as a provincial and arrogant place? We should first step back in time: In 1156 to the north of Munich there was already a thriving town called Freising. Freising and its powerful bishop profited from the nearby toll-road, which guaranteed the diocese an excellent income. Henry the Lion, duke of Bavaria and Saxony, however, wanted to claim the money for himself, thus – in no time – he burnt down the toll bridge and erected a new one further upstream in the nearby settlement "apud Munichen" ('with the monks').

The foundation stone was laid for the young town of Munich. In 1240 the city went under the rule of the Wittelsbach dynasty. In 1328 it even became an Imperial City, holding the Imperial Insignia until 1350. From 1504 on Munich was the sole capital in the duchy of Bavaria, and in 1623 Electoral Residence. Soon afterwards the Electoral Prince of Bavaria Max Emanuel I built the Schleissheim Palace in the north of the city for his future residence. He commissioned the Nymphenburg Palace to be extended in a grandiose style, and ordered the château Fürstenried to be built. These building activities were of course emulating the famous model of Versailles and its King, Louis XIV of France. When Ludwig I ascended the throne in 1825, he transformed the city into a classical metropolis. The boulevard Ludwigstrasse was built. A century later it was Adolf Hitler with his delusions of grandeur who changed Munich once again. Munich was dubbed "the capital of the movement", and the intention was to transform the city into a monumental colossus. Munich was transformed, although in another way than planned: The city was devastated by bombing during World War II. Nearly half of the buildings were destroyed. This later entailed extensive reconstruction work, which required an enormous influx of people.

The Olympic summer games in 1972 became a milestone for the city. The newly constructed Olympic grounds with their unique architecture soon became one of the city's landmarks. Since then Munich has established itself firmly as a cosmopolitan city. When word of the secret capital of Germany was spread, people of Munich did not contradict. Media enterprises and high-tech firms established themselves here. Artists from all over the world settle down in the Bavarian capital. Munich is regarded as one of the most attractive cities in Germany. The vicinity to the breathtakingly beautiful foothills of the Alps certainly adds to Munich's charm for visitors, which can hardly be matched.

Goldenes Schloss Nymphenburg
Golden Palace Nymphenburg

Die Türme des Liebfrauendoms und die Theatinerkirche im ersten Morgenlicht
The Towers of the Liebfrauendom and Theatinerkirche in the first morning light

Vom »Alten Peter« aus bietet sich an schönen Tagen ein wunderbarer Blick auf zwei Wahrzeichen Münchens: den Liebfrauendom und das neue Münchner Rathaus.
On clear days you have a marvellous view of two of Munich's landmarks: the Liebfrauendom and the New Town Hall (Rathaus).

Das Siegestor an Münchens Prachtmeile, der Ludwigstraße
The Siegestor (Victory Gate) in Munich's splendid avenue Ludwigstrasse

Der Liebfrauendom im weihnachtlichen Glanz
The Liebfrauendom in its Christmas splendour

Die Feldherrnhalle am Odeonsplatz
The Feldherrnhalle at the Odeonsplatz
←

Der Friedensengel nahe der Prinzregentenbrücke erinnert an die Zeit nach dem Krieg 1870/71 und ist der Siegesgöttin des Panionions in Olympia nachgebildet.
The Friedensengel (Angel of Peace) near the Prinzregenten bridge erected in remembrance of the time after the war in 1870/71, was modelled after the goddesss of victory by Panionion in Olympia.

Die Bavaria, Symbol der Stärke Bayerns, wacht über der Theresienwiese.
The statue of Bavaria, symbol of Bavaria's power, is watching over the Theresienwiese.

Sonnenaufgang über dem Münchner Hauptbahnhof
Sun-rise above Munich's central station

Stachusbrunnen und Justizpalast
The fountain at the Stachus and the Palace of Justice

Blick vom Olympiaberg über das Olympiagelände auf Fernsehturm und BMW-Hochhaus
View from the Olympic Hill towards the Olympic grounds to the television tower and the high-rise building of BMW

Sonnenuntergang über dem weltberühmten Dach des Olympiastadions
Sun-down over the world-famous roof-top of the Olympic Stadium ➔

Denkmal zu Ehren König Ludwigs I. vor der Theatinerkirche
Memorial in honour of King Ludwig I in front of the Theatinerkirche

Das Maximilianeum, Sitz des bayerischen Landtags
The Maximilianeum – seat of the Bavarian Parliament

Der berühmte Münchner Komiker Karl Valentin blickt über seinen Viktualienmarkt, im Hintergrund die Heiliggeistkirche.
Famous comic actor Karl Valentin is looking over his Viktualienmarkt, in the background Heiliggeistkirche (Church of the Holy Spirit).

Der Fischbrunnen vor dem alten Rathaus auf dem Marienplatz ist ein beliebter Treffpunkt für Jung und Alt.
A famous meeting-place for young and old: the Fish Fountain in front of the Old Town Hall at the Marienplatz.

Über Kunst und Kultur

In vielen Städten Deutschlands werden aus finanziellen Gründen Theater und Museen geschlossen. Geldmangel führt überall zu Streichungen und Einsparungen insbesondere im Kulturbereich. In München versucht man seit Jahren diesem Trend entgegenzuwirken. So wurde unter anderem im Jahre 1996 die völlige Rekonstruktion des altehrwürdigen Prinzregententheaters abgeschlossen, 1997 erhielt München am Salvatorplatz ein viel gelobtes Literaturhaus, und 2002 öffnete die neu erbaute Pinakothek der Moderne ihre Pforten. München leistet sich drei Dirigenten von absoluter Weltklasse und ist insgesamt der kulturelle Mittelpunkt der Republik. In keiner anderen Stadt in Deutschland kann man so viele bedeutende Museen besichtigen, so viele Theater besuchen und so prachtvolle Architektur bewundern wie in München.

Woher kommt nur die große Liebe zu Kunst und Kultur? Die Grundlage dafür wurde bereits im 16. Jahrhundert gelegt. Herzog Albrecht war ein begeisterter Sammler von Kunst und allerlei Kuriositäten. Unter anderem erwarb er von den Fuggern eine umfangreiche Bibliothek, die den Kernbestand der Bayerischen Staatsbibliothek bildet, und ließ für seine Antikensammlung in seiner Residenz das Antiquarium errichten. Dieser lange Raum, der heute als Rahmen von Empfängen durch die bayerische Staatsregierung zu Ehren kommt, zählt zu den bedeutendsten deutschen Renaissancebauten. Nach dem Ende des Dreißigjährigen Krieges wandelte sich München von einer ehemals bürgerlichen in eine Residenzstadt. Der Münchner Hof, der sich damals sehr an Versailles orientierte, versuchte seine im großen Weltgeschehen doch relativ geringe Bedeutung durch besondere Prachtbauten und intensives Mäzenatentum auszugleichen. Schloss Nymphenburg, Schloss Schleißheim, der Hofgarten sowie eine Reihe von Kirchen, wie zum Beispiel die prachtvolle Theatinerkirche, zeugen von diesem »münchnerischen Größenwahn«.

Immerhin wurde Bayern 1806 ein Königreich. Auch König Ludwig I., Sohn von Max Joseph, hatte das Ziel, Bayern wenn nicht zu einer militärischen, so doch wenigstens zu einer kulturellen Großmacht zu machen. Inspirieren ließ er sich in erster Linie von Italien, von Florenz und Rom. Während seiner Regentschaft wurde die nach ihm benannte Ludwigstraße zu der Prachtmeile von heute. Nach Plänen von Leo von Klenze entstand der Königsplatz. In einem kolossalen klassizistischen Tempelbau ist heute die Glyptothek untergebracht. Sie zählt zu den ältesten Münchner Museen. Zusammen mit den Antikensammlungen und den Propyläen umschließt sie den Königsplatz wie einen antiken Marktplatz.

Es war auch Leo von Klenze, der im Auftrag Ludwigs I. die Alte Pinakothek errichtete. Sie umfasst europäische Malerei vom späten 14. bis zum 18. Jahrhundert. Die Sammlung gehört heute sicherlich zu den größten europäischen Gemäldegalerien. Auch die Neue Pinakothek, die direkt gegenüber entstand, ist Ludwig I. zu verdanken. Sie wurde zwischen 1846 und 1853 erbaut und besitzt neben Berlin die größte deutsche Sammlung von Werken des 19. Jahrhunderts. So unterschiedliche Künstler wie Carl Spitzweg, Caspar David Friedrich, Vincent van Gogh oder Claude Monet sind hier unter einem Dach vereint.

Mitte des 19. Jahrhunderts wurde München auch zur Hauptstadt der Maler. Es war insbesondere die Kunstakademie unter der Leitung von Carl-Theodor von Piloty, die Künstler aus aller Welt anzog. Das kleine Dörflein Schwabing, damals noch am Stadtrand von München gelegen, übte bereits zu dieser Zeit eine magische Anziehungskraft auf Künstler und solche, die sich dafür hielten, aus. Noch heute sind in vielen Schwabinger Häusern im Erdgeschoss die großen Atelierfenster zu sehen, die den Malern als Ausstellungsflächen dienten.

Franz von Lenbach und Franz von Stuck wurden zu den Künstlerfürsten ihrer Zeit. Beide ließen sich in den achtziger und neunziger Jahren des 19. Jahrhunderts prachtvolle Villen errichten. Eine davon ist das Lenbachhaus, deren Städtische Galerie mit ihrer einzigartigen Sammlung von Werken der Künstlervereinigung »Blauer Reiter«, die unter anderem Exponate von Wassily Kandinsky, Gabriele Münter, August Macke, Franz Marc, Alexej von

Jawlensky, Paul Klee und Alfred Kubin enthält, Weltgeltung besitzt.
Auch die Künstler der Gegenwart sind in München vertreten. Seit kurzem gibt es mit der auch architektonisch absolut sehenswerten Pinakothek der Moderne einen Tempel für moderne Kunst, Grafik, Architektur und Design. Sie beherbergt unter anderem die Staatsgalerie Moderner Kunst, eine der bedeutendsten Sammlungen für moderne Kunst des 20. Jahrhunderts. Und im 1932 von den Nationalsozialisten erbauten Haus der Kunst finden neben der jährlichen Großen Kunstausstellung wechselnde Ausstellungen mit großem Publikumsinteresse statt.
München ist jedoch nicht nur berühmt für seine angesehenen Museen, sondern auch für seine Theater. Über fünfzig kleine und große Theaterhäuser bieten ein vielfältiges Programm für jeden Geschmack. Im Nationaltheater treten die großen Opern- und Ballettstars der Welt auf, im Sommer sind es die renommierten Opernfestspiele, die Besucher aus nach und fern anlocken, Operette und Musiktheater können im Gärtnerplatztheater erlebt werden. In den Kammerspielen sowie im Residenz- und Prinzregententheater werden klassisches und modernes Sprechtheater geboten, und im Deutschen Theater, in dem schon Karl Valentin und Josephine Baker auf der Bühne standen, sind in erster Linie internationale Shows sowie Musicals zu Gast. In diesem Zusammenhang darf auch Münchens modernes Kulturzentrum, der Gasteig, nicht vergessen werden; in seiner polygonalen Philharmonie haben immerhin 2500 Konzertbesucher Platz.
Immer größeren Anklang finden im Sommer auch die klassischen Open-Air-Konzerte auf dem Königs- und dem Odeonsplatz, sowie die wunderbar romantischen Konzerte im Brunnenhof der Residenz.
Dass in München aber nicht nur klassische Konzerte ihr Publikum finden, beweisen die Auftritte internationaler Bands in der Olympiahalle, dem Olympiastadion, auf den Bühnen des Tollwoodfestivals sowie der Seebühne des Münchner Sommerfests im Olympiapark.
Beinahe nebenbei ist München im Laufe der siebziger und achtziger Jahre auch noch zur wichtigsten Stadt des deutschen Films geworden. In den Bavaria Filmstudios im Münchner Vorort Geiselgasteig entstand eine Fülle von national und international erfolgreichen Produktionen: »Das Boot« und »Die unendliche Geschichte« seien hier als Bespiele erwähnt. Bekannte Filmemacher wie Wim Wenders, Herbert Achternbusch, Rainer Werner Fassbinder sind Kinder der so genannten »Münchner Schule«. Und 2003 konnte die in München lebende Caroline Link sogar einen echten Oscar für »Nirgendwo in Afrika« entgegennehmen.
München besitzt berühmte Museen, bedeutende Theater und Filmstudios, die Welterfolge produzieren, doch es sind auch die »kleinen« Straßenkünstler in der Fußgängerzone, im Englischen Garten und auf der Leopoldstraße, die mit ihrer Kreativität und ihrem Einfallsreichtum München zu dem machen, was es ist: die Kunst- und Kulturhauptstadt Deutschlands.

Die Propyläen am Königsplatz, von Leo von Klenze zwischen 1846 und 1862 errichtet, finden ihr Vorbild in Athen.
The Propyläen at the Königsplatz, built by Leo von Klenze between 1846 and 1862, their model being in Athens.

←

Der Max-Joseph-Platz mit Bayerischer Staatsoper und dem Denkmal für König Maximilian I.
Max-Joseph-Platz with Bavarian State Opera and memorial for King Maximilian I

Art and Culture

Munich has always been looking after its cultural realm, and has been ready to invest where other cities would have tightened their belts. In 1996 for instance the grandiose reconstruction of the venerable Prinzregententheater was completed. In 1997 the highly acclaimed Literaturhaus was built at the Salvatorplatz, and in 2002 the new Pinakothek der Moderne was inaugurated. Among German cities Munich is in pole position for the number of renowned museums, theatres and also its magnificent architecture.

The ground for the love of arts was prepared way back in the 16th century. Duke Albrecht acquired for instance an extensive library, which forms today the nucleus of the Bavarian State Library, and commissioned the Antiquarium in his residence, one of the most outstanding German renaissance buildings.

After the 30-year-war Munich became an Imperial City. The Court of Munich, then very much influenced by Versailles, tried to excel itself in magnificent building activities and patronage of the arts. Parks, palaces, gardens and a number of churches were commissioned.

In 1806 Bavaria became a kingdom. King Ludwig I was also attempting to turn Bavaria into a city of art of world acclaim. Ludwig I commissioned the architect Leo von Klenze to build the Alte Pinakothek. The 'Old Art Gallery's' collection is ranked among one of the biggest European art galleries. Its counterpart, the Neue Pinakothek, directly opposite, goes back to Ludwig I as well. Built in the years 1846 to 1853 it exhibits – next to Berlin – the most extensive German art collection of the 19th century.

Also the most modern art is represented in Munich. The Staatsgalerie Moderner Kunst (State gallery of Modern Art), one of the most eminent collections for contemporary art, has found a new and permanent home in the recently built Pinakothek der Moderne – a temple for modern art, graphic art, design and architecture – an architectural highlight in itself.

Munich, however, is not only famous for its museums. Over 50 theatres, big and small, offer a huge variety of plays – the choice is yours! In the Nationaltheater you can enjoy leading opera and ballet stars, just as in summer the renowned opera festival has its sure appeal to music-lovers. Kammerspiele, Residenztheater and Prinzregententheater stage classical and contemporary plays, whereas the Deutsches Theater hosts predominantly international shows and musicals. In Munich's modern cultural centre, The Gasteig, you find the Philharmonic which can seat up to 2,500 concert-goers.

But not only classical music has a place in Munich, also fans of pop and rock music have their haunts: the Olympia Hall, the Olympic Stadium, the Tollwood Festival, the stage on the lake of the Olympic Park during the Summer Festival present international and national stars.

Munich developed as well into the capital of German film-making. In the Bavaria Film Studios national and international movies are being produced, films like "Das Boot" and "The Never Ending Story" were shot there. Directors like Wim Wenders, Herbert Achternbusch, Rainer Werner Fassbinder formed part of the so called "Munich School", and in 2003 the Oscar for best foreign film went to Caroline Link, a director from Munich.

In der Pinakothek der Moderne
Inside the Pinakothek der Moderne (Modern Art)

Kino Open-Air am Königsplatz, im Hintergrund die Glyptothek
Open-air cinema at the Königsplatz, in the background the Glyptothek.

Konzert im Theater am Olympiagelände
Concert in the theatre at the Olympic Park

Einer der prachtvollsten Renaissanceräume nördlich der Alpen ist das Antiquarium in der Residenz.
One of the finest specimen of a renaissance hall north of the Alps: the Antiquarium in the Residence.

Das Cuvillies Theater ist ein vollendetes Beispiel des Rokoko.
The Cuvillies Theatre is a perfect example for the rococo period. ➔

Ein Straßenkünstler auf der größten Freilichtbühne der Welt, der Münchner Fußgängerzone
A street artist on the biggest open-air stage in the world: the pedestrian zone in Munich

Der von Jonathan Borofsky entworfene »Walking Man« vor dem Gebäude der Münchner Rück
The "Walking Man" by Jonathan Borofsky in front of the big insurance company "Münchner Rück" ('Munich Re')

Münchens neues Kunstjuwel: die Pinakothek der Moderne
Munich's most recent jewel of art: The Pinakothek der Moderne

Das Haus der Kunst im herbstlichen Glanz
The House of Art in autumn splendour

Die städtische Galerie im Lenbachhaus (oben) beherbergt viele Gemälde der berühmten Künstlervereinigung »Der Blaue Reiter«. – Der alte Backsteinbau lässt nicht auf den wertvollen Inhalt schließen: die Alte Pinakothek (unten).
The city-gallery in the Lenbachhaus (above) contains numerous paintings of the famous artist movement "Der Blaue Reiter" (The Blue Rider). – The old brick-building does not give away its precious contents: The Alte Pinakothek (below)

Das Gärtnerplatztheater (oben) – Max-Joseph-Platz mit Residenz (unten)
Theatre Gärtnerplatz (above) – Max-Joseph-Platz with Residence (below)

HB
Hofbräuhaus

Essen und Trinken in München

In München ist man quasi aus Tradition gezwungen, das Bier vor allen anderen kulinarischen Köstlichkeiten abzuhandeln. Dabei würde es der Bedeutung des Bieres in Bayern und München nicht gerecht, den Gerstensaft als bloßes Getränk zu beschreiben. Bier ist in Bayern ein hohes Kulturgut, eine Weltanschauung, ja eine Lebensphilosophie. Selbst der heute nicht mehr ganz so populäre Karl Marx hat bereits vor 160 Jahren darauf hingewiesen, dass das Bier für die Münchner wohl ein Grundnahrungsmittel sei.

Eigentlich ist der Münchner im Grunde ein eher gemütlicher Mensch. Doch wehe es geht um seinen heiligen Gerstensaft. Als 1844 der Bierpreis um zwei Pfennige erhöht wurde, kam es zur Revolution. Fünfzig Brauereien wurden im Laufe dieser Unruhen verwüstet. Erst als König Ludwig I. die Rücknahme der Preiserhöhung anordnete, beruhigten sich die Gemüter. 1910 wiederholte sich das Spektakel auf ähnliche Weise. Bier und Revolution gehören in München scheinbar zusammen.

Dabei war das Bier im München des 15. Jahrhunderts eher eine geschmacklose Angelegenheit. Zutaten wie Baumrinde oder Fichtenkerne waren keine Seltenheit. Das sah offenbar auch Herzog Albrecht IV. von Bayern so und erließ mit dem Münchner Reinheitsgebot von 1487 ein schon damals bahnbrechendes Edikt: »Aus nichts anderem, denn Hopfen, Gerste und Wasser darf das Bier gesotten werden.« Es gilt noch immer und wurde zu einem Markenzeichen des Münchner Bieres. Sechs große Brauereien bestimmen heute das Bierangebot in München: Paulaner, Hacker-Pschorr, Spaten-Franziskaner, Löwenbräu, Augustiner und Hofbräu. Zwei Biersorten haben sich dabei im Laufe der Jahrhunderte vor allem durchgesetzt: das Helle und das Weißbier. Im Frühjahr kommt das Starkbier hinzu, das 1774 von Frater Barnabas vom Paulanerorden erfunden wurde. Der »Salvator« sollte den Mönchen während der Fastenzeit helfen, über die Runden zu kommen. Es schmeckt besonders stark, süffig und einfach umwerfend. Die alljährlich im März auf dem Nockherberg stattfindende Starkbierprobe, bei der Politiker aus Bayern und der Rest der Welt so richtig »derbleckt« (aufgezogen) werden, läutet in München die Starkbierzeit ein.

Zum Bier passt am besten eine weitere Münchner Spezialität, die Weißwurst. Wenigstens fünfzig Prozent Kalbfleisch, dazu Speck, Zitrone, Muskat, Petersilie und etwa zwanzig Prozent Wasser machen eine gute Weißwurst aus. Wer nach zwölf Uhr mittags beim Verzehr einer Wurst erwischt wird, der kann nur ein Nichtmünchner sein, denn traditionell vertragen »Weißwürscht« kein Zwölf-Uhr-Läuten, sie müssen unbedingt frisch sein. Der echte Münchner »zuzelt« (saugt) seine Weißwurst, die er vorher in süßen Senf getaucht hat, langsam aus, dazu trinkt er ein kaltes Weißbier: das perfekte zweite Frühstück.

Zu einem Biergartenbesuch eignet sich in München am besten der Obatzde: Camembert, Butter, Zwiebeln, Paprika und Kümmel werden zu einer Art Brei vermischt und mit einem richtig reschen Bauernbrot gegessen. Wer dann noch einen Radi – zu hochdeutsch Rettich –, Radieserl, Tomaten und Zwiebeln in seinen Brotzeitkorb packt, der kann zufrieden in einen der herrrlichen Münchner Biergärten pilgern und bei einer Maß Bier so richtig schlemmen.

Die bayerischen Wirtshäuser rund um den Marienplatz und Viktualienmarkt haben eine Fülle weiterer bayerischer und Münchner Spezialitäten zu bieten: Züngerl mit Semmelknödel, Schweins- oder Kalbshaxn mit Knödel, Leberkäs mit Ei oder ein kräftiger Kaiserschmarrn dürfen auf keiner Speisekarte fehlen.

Wo kauft man aber in München am besten seine Zutaten für derlei Schmankerl ein? Natürlich im Herzen der Stadt auf dem Viktualienmarkt. Schon seit 1807 kann man hier zwischen Marienplatz, Isartor und St. Jakobsplatz Obst, Gemüse, Backwaren, Milchprodukte, Eier, Geflügel, Fisch und Fleisch kaufen. Bei einem Rundgang über den Viktualienmarkt lernt der Fremde sehr schnell einige der typisch münchnerischen Charakterzüge kennen. Die Standlbesitzer, allesamt Münchner Originale, granteln, zu hochdeutsch schimpfen, nämlich gerne mit sich und ihren Kunden. Diese etwas rauen Umgangsformen können beim Uneingeweihten durchaus zu Irritationen führen. Doch wer gleichzeitig die Münchner Kundschaft beobachtet, wird bald feststellen, dass dies ein durchaus verbreiteter Charakterzug der Münchner zu sein scheint, der nichts mit Bösartigkeit oder Gehässigkeit zu tun hat. Eher ist wieder einmal der Föhn verantwortlich.

Wer Spezialitäten aus dem In- und Ausland in höchster Qualität kaufen möchte, der geht in München zu Dallmayr oder Feinkost Käfer, zwei Feinkostgeschäfte mit Tradition und Weltruf. Und auch wer die internationale Gastronomie bevorzugt, der ist in München gut aufgehoben. Vom Italiener über den Spanier bis hin zum Inder und Japaner sind sämtliche Nationalitäten in München kulinarisch vertreten. Italienische Gastkultur wird übrigens von den Münchnern besonders geliebt, und viele sind stolz darauf, dass es nördlich der Alpen nur in München einen richtig guten italienischen Caffè gibt.

Der alte Peter wacht über den Münchner Viktualienmarkt im Herzen der Stadt.
The "Old Peter" is watching over Munich's Viktualienmarkt in the heart of the city.

Eine der berühmtesten Münchner Bierburgen: Das Hofbräuhaus am Platzl
One of Munich's most famous beer haunts: The Hofbräuhaus at the Platzl

Bayerische Gemütlichkeit im stilvollen Ambiente erlebt man im Augustiner in der Fußgängerzone.
Bavarian savoir-vivre with a stylish surrounding can be experienced in the Augustiner in the pedestrian zone.

Tag und Nacht wird gebraut, damit den Münchnern ihr geliebtes Bier nicht ausgeht.
Brewing night and day in order to avoid any shortage of the beloved beverage.

Food & Drink in Munich

Traditionally one is forced to talk about beer before any other Bavarian culinary speciality. At the same time you would not do justice to the role beer plays in Munich or Bavaria by merely describing it as a beverage. Beer in Bavaria is much more, it's a part of the heritage, an attitude, even more: a philosophy of life. Munich people are basically what you may call laid-back, but woe betide if somebody messes with their sacred beer!

When the beer price was raised by 2 pfennigs in 1844, the beer revolution broke out. In the course of the up-rising 50 breweries were devastated. Not before King Ludwig I ordered the former price to be introduced again, were his people pacified. In 1910, however, the whole up-roar started anew. Beer and revolution seem to go hand in hand in Munich. Tough back in the 15th century, beer was a rather bland drink. Ingredients like tree bark or spruce pips were quite common. Duke Albrecht IV of Bavaria seemed to have been aware of this, and subsequently decreed the Munich purity law in 1487. It stipulates that only three ingredients: hops, barley and water shall be used. This law is still valid today, and has become the trademark of Bavarian beer.

Six big breweries dominate the Munich brewing scene of today: Paulaner, Hacker-Pschorr, Spaten-Franziskaner, Löwenbräu, Augustiner and Hofbräu. Two varieties of beer became favourites over the centuries: the Helles, a pale-coloured lager, and the Weissbier, a cloudy wheat beer. In spring you can add the Starkbier to the list, a strong brew, that was created by the monk Barnabas from the Paulan order. The "Salvator", as it was called, should help the monks to get by during the time of lent. It is strong, very potent and very tasty. Each year in March the Starkbier time commences, and it is set off by a famous gala in the Nockherberg beer hall, where politicians of Bavaria and the rest of the world are being made fun of.

With the beer another Munich mouth-watering delicacy goes well: the Weisswurst. A 'white sausage' consists of at least 50 % veal, bacon fat, lemon, nut-meg, parsley and about 20 % water. After midday you should not be caught eating a Weisswurst. Only outsiders may not obey to the rule. Traditionally these sausages should never hear the clock strike noon, as they should be consumed absolutely fresh. A professional does not cut the sausage, but sucks it out from its skin – after having it dipped into sweet mustard – and washes it down with a refreshing Weissbier – a so called second breakfast. In the beer gardens you will find another delicious dish: the Obatzde. Mature camembert, butter, onions, paprika and caraway seeds are mashed into a smooth, creamy paste which is served with a slice of crusty farm bread. And you can also bring along your own food! Pack in red and whites radishes, tomatoes, onions and enjoy your goodies with a Maß (1 litre) beer in a nearby beer garden.

Restaurants around the Marienplatz and Viktualienmarkt offer an abundance of Munich and Bavarian specialities: Züngerl mit Semmelknödel (lung with bread-dumplings), Schweins- or Kalbshaxn (a roasted leg of pork/veal with dumplings), Leberkäs mit Ei (some inexplicable slice of meat with a fried egg on top of it) or a flummery like Kaiserschmarrn (chopped up pan-cake with fruit) should always be found on the menu.

But where to shop for these delights? The place to go is right in the heart of Munich: The Viktualienmarkt. Situated between Marienplatz, Isartor and St Jakobsplatz, and established in 1807, you can buy fruit, vegetables, dairy products, eggs, poultry, fish, meat, bread, cakes and pastries.

Those who want to buy local specialities or delicacies from abroad will find a standard of the highest quality at Dallmayr's or Käfer's. Both delicatessens look back on long traditions and enjoy a worldwide reputation. If your mind is more towards international cuisine, Munich can offer you a wide variety: Italian, Spanish, Indian and Japanese restaurants cater well for their guests. Italian food and drink by the way is especially loved by people from Munich, and many pride themselves that north of the Alps only Munich is able to serve up a real good Italian "caffè".

Auf dem Viktualienmarkt gibt es alles, was das kulinarische Herz begehrt.
At the Viktualienmarkt no culinary wish will remain unfulfilled.

Weihnachtliche Schaufensterdekoration bei Dallmayr, einem der Münchner Feinkosttempel
Christmas window display at Dallmayr's, one of Munich's foremost delicatessen

Im glanzvollen Ambiente auch Feinkost Käfer
Not to be outdone: Delicatessen Käfer in its regal splendour

Adelholzener
Sport-Scheck
MÜNCHNER

Das sportliche München

Obwohl manche Münchner auch das Biertrinken als Sport auffassen, soll diese »Sportart« im Folgenden ausgeklammert werden. München ist zweifelsohne eine Sportstadt, und zwar in erster Linie eine Fußballstadt. Anfang des Jahrtausends spielten sogar drei Münchner Clubs in der Bundesliga. Zwischenzeitlich sind jedoch nur noch der FC Bayern München und der TSV 1860 übrig geblieben. Die sympathische Spielvereinigung Unterhaching, die zwei Jahre die höchste deutsche Spielklasse unsicher machte, konnte sich dort nicht auf Dauer behaupten.
Die beiden anderen Clubs dagegen spalten die Stadt. Der Riss zieht sich durch ganze Stadtteile, Häuser und sogar durch die eigene Familie. Entweder man ist glühender Verehrer der »Roten«, oder man unterstützt bedingungslos die »Blauen«. Rot ist die Farbe des FC Bayern und Blau die vom TSV 1860 München. Früher galten die »Sechziger« als der volksnahe Arbeiterverein, während dem FC Bayern das Image eines versnobten Elitevereins angehängt wurde. Heute sind diese Grenzen längst verwischt. Der FC Bayern ist ganz klar der mit Abstand größte, erfolgreichste, beliebteste und gleichzeitig meistgehasste Verein in ganz Deutschland. Fußball-legenden wie Gerd Müller, Franz Beckenbauer, der heutige Manager Uli Hoeneß oder die legendären Georg »Katsche« Schwarzenbeck und Franz »Bulle« Roth spielten in den glorreichen siebziger Jahren für den Club und führten ihn zu drei Landesmeisterpokalen in Folge.
Der TSV 1860 hat es im Schatten dieses Riesen zwar von Natur aus schwerer. Viele der »Blauen« genießen jedoch ihr eher gemütliches Dasein und freuen sich diebisch, wenn der FC Bayern, von einer Tageszeitung einmal treffend als »FC Hollywood« bezeichnet, wieder eines seiner Problemchen zu lösen hat. Beide Vereine spielten im Münchner Olympiastadion, dieser wundervollen, weitläufigen und lichtdurchfluteten Arena, die sich so elegant in die Landschaft des Olympiageländes einfügt. Da aber nach Ansicht einiger Fußballfunktionäre das Olympiastadion den Anforderungen an eine modernen Sportarena nicht mehr gewachsen war, haben die beiden großen Münchner Fußballvereine draußen am Stadtrand, in Fröttmaning, eine neue Fußballarena erbaut.
Der Münchner schaut beim Sport aber nicht nur zu, sondern ist auch selbst aktiv. Jeden Morgen können in den großen Parks der Stadt die gesundheitsbewussten Jogger beobachtet werden, die bei Wind und Wetter ihre Runden drehen. Alljährlich findet der große München Marathon statt. Die Strecke führt an nahezu allen wichtigen Sehenswürdigkeiten der Stadt vorbei.
Im Sommer können die Opernbesucher in den Pausen die artistischen Einlagen der Skater und Trick-Bike-Fahrer vor der Staatsoper beobachten, und der Eisbach am Haus der Kunst wird zu dieser Jahreszeit zur Bühne für die waghalsigen Eisbachsurfer, die sich in die eisigen Wellen des Isarwassers stürzen. Im Winter läuft man am Nymphenburger Kanal Schlittschuh und spielt Eishockey. Nicht selten kommt es dabei zu Hakeleien mit den »berüchtigten« Münchner Eisstockschießern, die sich mit viel Mühe und Liebe ihre Bahnen frei geschaufelt haben und keine Störung dulden.
Sport wird in München immer einen hohen Stellenwert einnehmen, und zwar nicht nur aus gesundheitlichen Gründen: In keiner anderen Stadt ist sehen und gesehen werden von so großer Bedeutung wie in der bayerischen Metropole. Und wer will schon als unattraktiv gelten?

Sports in Munich

Munich is without doubt a sporty city, mainly a football city. At the beginning of the millennium there were even three clubs from Munich playing in the first division. In the meantime, however, only Bayern Munich and TSV 1860 remained. Both teams put a divide through the city. The rift goes right through city districts, houses, and even families. Either you are an ardent fan of the "Reds" or you unconditionally support the "Blue" team. Red standing for Bayern Munich and blue for 1860.

Bayern Munich is by far the most successful, popular and at the same time most despised club in Germany. Football legends like Gerd Müller, Franz Beckenbauer, today's financial manager Uli Hoeness, or the legendary Georg "Katsche" Schwarzenbeck or Franz "Bulle" Roth played for Bayern Munich in the glorious 70ies, and won the cup three times in a row. TSV 1860 has therefore hardly a leg to stand on in the shadow of this giant. A lot of fans though enjoy this unspectacular, but comfortable existence, and delight in finding the Bayern Munich team – once labelled quite aptly by a local newspaper "FC Hollywood" – in one of their little troubles again. Both teams used to play in the Olympic stadium, a wonderful, light-flooded arena which is bedded so elegantly into the surrounding park. A few football officials, however, did not think the Olympic stadium up to modern day standards, and thus Bayern Munich and TSV 1860 built themselves a new ground in Fröttmaning on the outskirts of Munich.

In Munich people are not only watching sports events, they participate actively. Every morning you can watch joggers going past in the big parks of the city – be wind or rain.

Every year the Munich Marathon takes place, taking the runners around nearly all the important Munich landmarks.

In summer time you can admire skaters and bike-riders doing their tricks in front of the Staatsoper. And in the Eisbach right next to the Haus der Kunst you can witness dare-devils on surfboards, being rocketed to and fro by the icy waves of the Isar. In winter the frozen canals of Nymphenburg invite ice-skaters and hockey-players to do their rounds.

Sports will always be rated highly in Munich, and not mainly for health reasons. No other city puts so much emphasis on seeing and being seen, and who would like to be classified as unattractive?

Der Münchner Stadtlauf gehört ebenfalls zu den jährlich stattfindenden Sportereignissen.
Also the Munich City Run takes place every year.

Blick vom Olympiaturm auf das voll besetzte Olympiastadion
View from the Olympic Tower over a packed Olympic Stadium

Im eiskalten Eisbach im Englischen Garten sind im Sommer die berühmten Surfer zu beobachten.
In summer in the Eisbach of the Englischer Garten the legendary surfers entertain the crowd.

Fans des FC Bayern München fiebern dem Anpfiff entgegen.
Fans of Bayern Munich cannot wait for the kick-off.

Vor der Bayerischen Staatsoper führen waghalsige Trick-Bike-Fahrer ihre Kunststücke vor.
Audacious trick-riders do their stunt in front of the Bavarian Staatsoper.

Im Sommer findet jeden Montag die »Blade Night« statt. Bis zu 30 000 Blader vergnügen sich dann auf Münchens Straßen.
Every Monday in summer there is Blade Night. Up to 30 000 people on roller-blades are cruising through the streets.

Die Lieblingsbeschäftigung vieler Münchner im Winter ist das Eisstockschießen vor der prächtigen Kulisse des Nymphenburger Schlosses.
Favourite pastime in winter: curling on ice with the marvellous backdrop of Nymphenburg

Die Eisbahn auf dem Marienhof hinter dem neuen Rathaus erfreut sich im Winter großer Beliebtheit.
Very popular in winter: the ice-rink at the Marienhof behind the New Town Hall

Ein Stück Asien mitten in München: der Thai-Tempel im Westpark
Asian oasis right in the heart of Munich: The Thai temple in the Westpark ➔

Allerlei städtische Erholungsräume

Manche sind weltberühmt, andere dagegen eher Geheimtipps, einige sind gerade und symmetrisch, andere wild, fast ungezähmt. Die Rede ist von den kleinen und großen Garten- und Naturparadiesen in der Isarmetropole.
Auf die Frage, wo sich denn der größte Stadtpark der Welt befindet, würden sicherlich die meisten Leute fragend antworten: in New York, London, Moskau oder Paris? Alles falsch. Die größte innerstädtische Parkanlage der Welt liegt mitten in München: Es ist der Englische Garten. Im Sommer ist der Park ein Eldorado für sonnenhungrige Genießer, die am Abend ihren Durst im Biergarten am Chinesischen Turm oder am Kleinhesseloher See stillen wollen.
Am Eisbach, einem kleinen Seitenarm der Isar, tummeln sich in der heißen Jahreszeit die »weltberühmten« Münchner Nackerten. Die völlig entblößten Sonnenanbeter sind mittlerweile schon zu einer festen Größe und einem Anziehungspunkt für Touristen geworden. Vor dem Hintergrund rückläufiger »Nacktenzahlen« schlug man im Münchner Rathaus vor gar nicht all zu langer Zeit Alarm und fragte sich, wie denn diese Attraktion erhalten werden könnte. Im Winter laden die vielen kleinen Pfade zu romantischen Spaziergängen ein.
Entstanden ist der Park ab 1789. Kurfürst Karl Theodor ließ ihn in den wasserreichen Isarauen nahe der Residenz anlegen, nach dem Vorbild der englischen Landschaftsgärten. Friedrich Ludwig Sckell, der große Landschaftsarchitekt, entwarf einen Park, der anders als die Gärten in Italien und Frankreich nicht gerade und symmetrisch sein sollte, sondern der natürlichen Landschaft nachempfunden, mit sich schlängelnden Wegen, kleinen Seen und unregelmäßigen Baumgruppen.
Es war auch dieser Friedrich Ludwig Sckell, der den Nymphenburger Schlosspark Anfang des 19. Jahrhunderts von einem vormals italienisch und französisch geprägten Park in einen »wilden« englischen Landschaftsgarten verwandelte. Schloss Nymphenburg ist zwar das Zentrum der gesamten Anlage, doch sind der Park und die drei kleinen Gartenschlösschen Amalienburg, Badenburg und Pagodenburg ein wichtiger Teil der Gesamtkonzeption. Heute ist der 221 Hektar große Schlosspark in erster Linie ein Erholungsgebiet für gestresste Großstädter und Rückzugsgebiet für eine Vielzahl seltener Tier- und Pflanzenarten. Der Schlosspark gilt als der Geheimtipp für verliebte Pärchen, die sich in lauen Sommernächten mit einer Flasche Wein am Rondell des Schlosses treffen. Nicht so überlaufen wie der Englische Garten, ist er der Lieblingspark der Münchner.
Gleich daneben liegt der Neue Botanische Garten. Er wurde 1914 errichtet, weil der alte im geschäftigen Zentrum der Stadt einfach nicht mehr ausreichte. Der Neue Botanische Garten gilt als einer der schönsten seiner Art in ganz Deutschland. Mit seiner Farben- und Blütenpracht im Rosengarten, seiner Baum- und Blumenvielfalt, seinen wunderschönen Alpinblumen und seinen drei großen Gewächshäusern ist er zu jeder Jahreszeit einen Besuch wert.
Nördlich der Residenz direkt neben dem Englischen Garten legte Maximilian I. einen Garten im italienischen Stil an, den Hofgarten. Im Zentrum des Areals liegt der Dianatempel, der zusammen mit der nahe gelegenen Residenz und der Theatinerkirche einen Hauch von »deutschem Rom« nach München weht. Hier tragen die Bocciaspieler vor den Arkaden ebenfalls zu der südlichen Stimmung bei.
Sehr viel neueren Datums sind Westpark und Olympiapark. Der Westpark entstand zur internationalen Gartenbauausstellung IGA, die 1983 in München stattfand. Noch immer kann sich der Besucher an den Gartenanlagen erfreuen. Zu diesen gehören vor allem die tibetische und thailändische Pagode, aber auch Feuchtbiotope, die afrikanische Hütte und der japanische und chinesische Garten. Im Sommer finden auf einer wunderschön gelegenen Freilichtbühne Konzerte, Theateraufführungen und Diashows statt.
Ein wenig älter ist der Olympiapark, der anlässlich der Olympischen Spiele von 1972 angelegt wurde. Auf dem Gelände des ehemaligen Flughafens auf dem Oberwiesenfeld entstand in vierjähriger Bauzeit ein weltberühmtes Gelände. Das Herz des Parks bilden die Sportstätten: das Olympiastadion, Olympiahalle und Olympiaschwimm-

halle, die durch ein einmaliges, schwerelos wirkendes Zeltdach aus Acrylglas überwölbt sind.
Den besten Blick auf das Gelände und den Rest der Stadt hat man vom Olympiaberg, der nach dem Krieg aus Bauschutt entstand. Bei klarem Wetter bietet sich hier ein wunderbares Panorama. Im Vordergrund liegt München, dahinter erheben sich die bayerischen Alpen. Das gesamte Gelände wird überragt vom höchsten Gebäude der Stadt, dem Olympiaturm.
Die Münchner nutzen das Olympiagelände zum Spazierengehen, Sport treiben und Faulenzen. In den Sportstätten findet eine Fülle von Veranstaltungen statt: So tragen im Olympiastadion der FC Bayern und der TSV 1860 ihre Heimspiele aus, die Olympiahalle wird für Konzerte, Tennisveranstaltungen oder das Sechstage-Radrennen genutzt.
Am südlichen Stadtrand findet man den Tierpark Hellabrunn. 1911 unter Prinzregent Luitpold errichtet, gilt er heute als einer der renommiertesten und mit mehr als 5000 Exemplaren tierreichsten zoologischen Gärten Europas. Sein Wahrzeichen ist die 1914 erbaute freitragende Kuppel des Elefantenhauses. Die Tiergehege sind nach Kontinenten angeordnet und bieten möglichst wildbahnähnliche Lebensbedingungen. Die beiden neuesten Gebäude, das Raubtier- sowie das Tropenhaus, gehören zu den feinsten und natürlichsten Anlagen weltweit. Nicht nur für Kinder und jung gebliebene Erwachsene ist der Tierpark Hellabrunn immer einen Besuch wert.
Kleine Paradiese mitten in der Stadt sind die vielen kleinen und großen Brunnen, die München im Sommer ein sehr südliches Flair verleihen. Früher galten Brunnen als schlichte Wasserspender, sie waren Teil des täglichen Lebens. Noch im 18. Und 19. Jahrhundert wurden sie vom Zeitgeschmack eher abgelehnt, man bevorzugte eher prächtige Standbilder zur Glorifizierung der Herrscher. Erst mit der Wiederentdeckung der Bauform der Renaissance kamen aufwändig gestaltete Brunnen in Mode. Die neue Wasserversorgung über das Mangfalltal tat ihr übriges. In den fünfziger und sechziger Jahren des 19. Jahrhunderts entstanden eine Reihe der schönsten Brunnen, die von namhaften Bildhauern geschaffen wurden. Heute sind sie Treffpunkte für Genießer, Verliebte oder erholungsbedürftige Städter, die sich dort sonnen, Brotzeit machen oder einfach nur eine Pause einlegen mitten im hektischen Treiben der Großstadt.
Spätestens Ende April, wenn die Brunnen aus ihrem Winterschlaf geholt werden und zu plätschern beginnen, dann weiß in München jeder, dass der Frühling da ist.

Leisuretime & Recreation

Did you know that worldwide the biggest park inside a city can be found in Munich? It is the English Garden. In summer an Eldorado for sunworshippers, in winter it offers lots of winding paths for romantic walks. The English Garden was laid out in 1789 by Elector Karl Theodor next to his residence in the rich pastures and watery meadows along the river Isar, modelled after English landscape gardens. Friedrich Ludwig Sckell designed the park, copying the natural outline of the surrounding area. It was him as well who changed – at the beginning of the 19th century – the gardens at Nymphenburg from the French manicured lay-out into the natural English style. Today it is foremost a recreational area for stressed-out city-dwellers, and a retreat for a huge variety of rare animals and plants. Right next to it you find the Botanical Garden, which is rated among the finest gardens in the whole of Germany. It was founded in 1914 when the old garden in the busy city centre did not suffice any more. The magnificence of colours in the rose garden, the splendour of the blooming varieties and the three huge greenhouses make a visit enjoyable all year around.

North of the Residence right next to the English Garden there is a park in an Italianated-style, commissioned by Maximilian I: the Hofgarten. In the centre of it you will find the temple of Diana, which – along with the Residence and the Theatinerkirche – gives Munich an Italian flair. Of a much newer date are the Westpark and the Olympic Park. The Westpark was completed in 1983, the year in which Munich hosted the International Horticultural Exhibition. In summer various events like concerts, theatre plays and slide shows are set up on a beautiful open-air stage. A little older is the Olympic Park, laid out in 1972. The heart of the park is marked by the sporting facilities, covered by a unique, seemingly weightless tent-like roof made out of acrylic glass. On a clear day the Olympic Hill will give you a wonderful panoramic view. People use the park for sports activities or simply for taking a stroll. On the southern fringe of the city lies the zoo Hellabrunn. Founded by Prince Regent Luitpold in 1911, it ranks today among the most renowned zoological gardens in Europe, counting a truly high number of animals. Its symbol is the self-supporting dome of the elephant house, which was built in 1914. Not only children love this zoo!

Der Karl-Valentin-Brunnen auf dem Münchner Viktualienmarkt
The Karl Valentin fountain at the Viktualienmarkt

Numerous small and big fountains in the city-centre create little oases and ouze a Mediterranean atmosphere. In the 50ies and 60ies of the 19th century a string of wonderful fountains were created by well-known sculptors. At the end of April, when the fountains are awoken from hibernation and start spraying water, then everybody knows that spring has returned.

Vorbei am altehrwürdigen Müllerschen Volksbad schlängelt sich die Isar, Münchens wilder Gebirgsfluss, über zwölf Kilometer durch das Stadtgebiet.
The Isar, Munich's wild mountain stream, meanders past the venerable Müllersche Volksbad twelve kilometres right through the city.

Der Monopteros im Englischen Garten ist ein beliebter Platz zum Ausruhen und Entspannen.
The Monopteros in the Englischer Garten is a popular place to rest and relax.

Im Herbst ein Ort der Ruhe: der Biergarten am Chinesischen Turm
In autumn a place of tranquillity: the beer garden at the Chinese Tower

Majestätisch wölbt sich ein Regenbogen über dem Nymphenburger Schloss.
A rainbow arches majestically above Nymphenburg.

Winteridyll am Rondell des Nymphenburger Schlosses
Winter idyll at the Nymphenburg Palace

Im Herbst verwandelt sich der Nymphenburger Schlosspark in ein prächtiges Farbenmeer.
In autumn the Nymphenburg Park transforms into a splendid sea of colours.

Schloss Blutenburg, das ehemalige Jagdschloss der bayerischen Herzöge
Palace Blutenburg, formerly a hunting lodge for the dukes of Bavaria ➔

Der weitläufige Olympiapark ist nicht nur ein Erholungsgebiet für gestresste Städter, sondern auch ein beliebter Rastplatz für Graugänse.
The sprawling Olympic Park is not only a recreational area for stressed-out city-dwellers, but a popular resting place for grey geese, too.

Der Neue Botanische Garten gehört zu den schönsten Gartenanlagen in ganz Europa.
The New Botanical Gardens rank among the most beautiful throughout Europe.

Der Stachusbrunnen bietet willkommene Erfrischung an heißen Sommertagen.
The Stachus fountain offers a refreshing respite on a hot summer's day.

Erst seit Ende des 18. Jahrhunderts durften die bürgerlichen Münchner im Hofgarten lustwandeln.
Not before the end of the 18th century was the bourgeois of Munich allowed to promenade in the Hofgarten.

Der Wittelsbacher-Brunnen am Lenbachplatz gilt als einer der schönsten Brunnen in ganz München.
The Wittelsbach fountain at the Lenbachplatz is classed as one of the most appealing in the whole of the city.

Der Brunnen an der Ludwig-Maximlians-Universität sowie die Ludwigskirche erstrahlen im nächtlichen Glanz.
The fountain at the Ludwig Maximilian University and the Ludwigskirche shining in their nightly glory

Der Springbrunnen auf der Prinzregententerrasse zu Füßen des Friedensengels
The fountain at the Prinzregenten terrace at the feet of the Friedensengel

Feuerwerk am Olympiaberg
Fireworks at the Olympic Hill ➔

Feste feiern

Orientiert man sich am Kalenderjahr, dann ist Fasching der erste große Termin für die feierwütigen Münchner. Der Münchner Fasching, der spätestens seit Helmut Dietls »Monaco Franze« geradezu Kultcharakter genießt, unterscheidet sich vollkommen vom närrischen Treiben im Rheinland. Lange Karnevalssitzungen wie in Köln oder Düsseldorf kennt der Münchner nicht. In München geht man vor allem auf die verschiedensten Faschingsbälle wie bespielsweise den legendären Schabernackt-Ball oder einen der großen Schwarz-Weiß-Bälle im Deutschen Theater.
Die wildesten Tage des Faschings sind jedoch die letzten. Und den absoluten Höhepunkt bildet der Faschingsdienstag am Schluss. Schon morgens um halb sieben treffen sich die ersten Nachtschwärmer auf dem Viktualienmarkt. Alles wartet auf die Marktfrauen, die um zehn Uhr ihren traditionellen »Tanz der Marktweiber« aufführen. Spätestens um diese Zeit befinden sich etwa 20 000 Menschen auf dem Viktualienmarkt, um bis in die späten Abendstunden zu feiern und zu tanzen.
Nach dem Fasching, wenn der Winter sich schon zurückgezogen hat, kommt die Auer Dult, die immer am Samstag vor dem 1. Mai auf dem Mariahilfplatz beginnt. Wie ein Relikt aus einer anderen Zeit wirkt dieser Markt: Geschirr, Töpfe, Keramik, Kleidung, Tees, Küchentöpfe und allerlei Kleinkram werden hier lautstark von den Marktleuten angeboten. Die Dult ist eher ein Münchner Geheimtipp als ein Riesenereignis, und deswegen ist sie bei den Einheimischen auch so beliebt.
Die Dulten gab es bereits im Mittelalter. Ursprünglich war die »Tult« ein Kirchenfest. Ortsfremde Händler boten dabei Waren an, die es nicht das ganze Jahr über zu kaufen gab, wie Weihrauch, Zimt oder Seide. Heute gibt es drei im Jahr: Die Maidult, die Jakobidult im Sommer und die Herbstdult, jede dauert neun Tage.
Während der Maidult findet auf der Theresienwiese das Münchner Frühlingsfest statt. Die »kleine Wiesn« bietet wie der große Bruder, das Oktoberfest, in erster Linie Bierzelte und Fahrgeschäfte. Gegründet wurde das Fest 1964 vom Münchner Schaustellerverein, um eine weitere Verdienstmöglichkeit zu schaffen.
Im Sommer schließlich wird in München eigentlich ununterbrochen gefeiert. So gibt es unter anderem die Opernfestspiele, die Open-Air-Konzerte auf dem Königsplatz, das Magdalenenfest in Schloss Nymphenburg: In der warmen Jahreszeit ist München im Partystress. Äußerst beliebt sind auch die wunderbaren kleinen Straßenfeste der einzelnen Stadtteile, bei denen der sonst so unbekannte Nachbar schnell zum guten Freund werden kann.
Im Juni startet das nach dem Oktoberfest publikumsstärkste Festerеignis der Stadt: das Tollwood. Was 1988 als recht überschaubares Alternativ-Happening begann, hat sich im Laufe der Zeit zum großen Event gemausert. Mehr als eine Million Besucher kommen jährlich auf das Sommer-Tollwood, das es im Dezember auch als Winterausgabe gibt. In einer riesigen Zeltstadt mit Bühnen, Buden und Biergärten finden innerhalb von drei Wochen über 200 Veranstaltungen mit Musikern, Performancekünstlern, Kabarettisten und Theatergruppen statt. Im Sommer wird auf dem Gelände des Olympiaparks gefeiert, im Dezember findet man das Tollwood auf der Theresienwiese.
Ende Juni beginnt auch das Münchner Filmfest. Der Gasteig ist dann acht Tage lang das pulsierende Festzentrum der Kinofreunde. In verschiedenen Spielstätten werden Produktionen zu unterschiedlichen Schwerpunktthemen und Specials gezeigt. Vor allem der Platz vor dem Gasteig verwandelt sich in ein südländisches Straßencafé. Am Abend können auf einer riesigen Open-Air-Leinwand die neusten Kinofilme aus dem In- und Ausland gesehen und diskutiert werden.
Unweit vom Tollwood-Sommerfestival beginnt im August zu Füßen des Olympiaturms das Olympiapark-Sommerfest. Daheimgebliebene feiern hier zusammen mit den Touristen. Es gibt Biergärten, Fahrgeschäfte und Festzelte, aber die Höhepunkte des Festes sind die täglich stattfindenden Rock- und Popkonzerte im Theatron. Der Eintritt ist frei.
Im September ist es dann endlich so weit: Das Oktoberfest, das größte und berühmteste Volksfest der Welt, beginnt. Am ersten

Wiesnsamstag eröffnet pünktlich um zwölf Uhr der Münchner Oberbürgermeister mit dem weltbekannten Ausruf »O'zapft is« die Münchner Wiesn. Mehr als sechs Millionen Menschen werden sich in den nächsten sechzehn Tagen durch die engen Straßen auf der Theresienwiese drängen, in den vierzehn Bierburgen rund fünf Millionen Maß Bier trinken und mehr als 750 000 Hendl verspeisen.
1810 fand das Oktoberfest zum ersten Mal statt, und zwar in Form eines Pferderennens. Anlass war die Hochzeit des Kronprinzen Ludwig von Bayern mit Prinzessin Therese Charlotte Louise von Sachsen-Hildburghausen. Das Fest gefiel den Münchnern so gut, dass man der Meinung war, ab jetzt jedes Jahr feiern zu müssen.

Heute ist das Oktoberfest ein Riesenspektakel. Supermoderne und irrwitzig schnelle Fahrgeschäfte wie Free Fall oder Euro Star stehen neben geballter Wiesntradition wie dem Schichtl oder der Krinoline. Der Trachten- und Schützenumzug am ersten Wiesnsonntag gehört zu den absoluten Highlights der ersten Tage und lockt jährlich Hunderttausende auf die Straßen.
Nach dem Oktoberfest wird es ein weniger ruhiger in der Stadt. Die Touristen sind weg, und die Münchner freuen sich schon auf die vielen Christkindlmärkte in den einzelnen Stadtteilen, die am 1. Advent beginnen. Mit einem Glühwein in der Hand lässt dann so mancher das anstrengende Partyjahr in aller Ruhe ausklingen.

Parties & Festivals

The first big party for fun-loving people in the year's calendar is Fasching ('Carnival'). Fasching in Munich is completely different to the more crazy carnival activities in the Rhineland. Munich loves a variety of indoor masquerade balls, and the most ribald days are towards the end. The absolute highlight of the Fasching is on Shrove Tuesday. Already at 6.30 am in the morning the first night-owls gather at the Viktualienmarkt. Everybody awaits the market women doing their traditional dance at 10.00 am. By that time at least 20,000 people have come together to celebrate and dance until the late evening hours.

After Fasching, when winter has lost its grip, it is time for the Auer Dult. The Auer Dult commences every year on the Saturday before the 1st of May at the Mariahilfplatz. Pots and pans, crockery, pottery, clothes, teas and various knick-knacks are available and praised loudly by the market people. The Dult still remains an insider tip, and is therefore continually very popular with the locals.

From summer time onwards then there is really no stopping: parties and festivals wherever you go. In summer the opera festival takes place, open-air concerts at the Königsplatz, the Magdalene's festival in the Nymphenburg Palace, and the ever so popular little street-parties throughout different city-districts attract an enthusiastic audience. In June the most important crowd-puller after the Oktoberfest takes place: The Tollwood Festival. More than a million visitors attend the summer festival annually. The summer festival is followed up in December by its counterpart the Tollwood Winter Festival. A giant city of tents, market stalls and beer gardens is erected, and has more than 200 musical & theatrical events on offer in the course of three weeks. In summer the Tollwood is held at the grounds of the Olympic Park, in December at the Theresienwiese.

At the end of June the Munich International Film Festival is held. Movies centred around certain topics and special features can be seen in eight cinemas in the course of eight days, and the square at the Gasteig turns into an Italian street-café. In the evenings you can watch and discuss the latest international and national film-trends, shown on enormous open-air screens.

A stone's throw from the Tollwood Festival, the Summer Festival takes place at the feet of the Olympic Tower in August. Those at home and tourists alike are having a good time. For your amusement you find beer gardens, rides and beer tents, but even better are the daily pop- and rock acts you can enjoy in the Theatron – admission is free.

In September – finally – it is time for the biggest and most famous public-festival worldwide: the Oktoberfest, which commences on the first Wiesn Saturday at noon on the dot. Then the Lord Mayor inaugurates the Wiesn with the world-famous proclamation "O'zapft is", which translates roughly with "it is tapped". More than six million visitors push through the narrow lanes at the Theresienwiese during 16 days. About 5 million litres (Maß) of beer are downed and more than 750,000 roasted chickens are devoured in 14 enormous festival tents. The Oktoberfest took place for the first time in 1810 featuring a horse race. Today it is a record-breaking event. Ultra-modern and incredible speedy carnival rides live side by side with genuine old Wiesn tradition. On the first Sunday of the Festival a parade through the streets of Munich is held, showing Bavarian costumes and riflemen, and attracting 100,000s of spectators each year. Once the Oktoberfest is over Munich enjoys a breather. The tourists are gone and the citizens of Munich are looking forward to the many Christmas Markets scattered all over the city commencing on the first Advent. So with a mug of Glühwein (a hot spiced wine) in hand the party year can be finished quietly.

Im September beginnt auf der Theresienwiese das größte Volksfest der Welt: das Münchner Oktoberfest.
The biggest festival in the world begins: The Oktoberfest at the Theresienwiese.

Mehr als sechs Millionen Menschen aus aller Welt besuchen das Oktoberfest. 14 Bierburgen und Hunderte von Fahrgeschäften halten Touristen und Einheimische 16 Tage lang bei guter Laune.
More than 6 million visitors from all over the world gather at the Oktoberfest. 14 festival tents and hundreds of carnival rides keep tourists and locals amused for 16 days.

Standlfrau auf dem Münchner Christkindlmarkt
Market woman behind her stall at the Christmas Market

Im Dezember findet das Winter-Tollwood-Festival auf der Münchner Theresienwiese statt.
The Winter Tollwood Festival is held at the Theresienwiese in December.

Der Christkindlmarkt auf dem Münchner Marienplatz
Christmas market at the Marienplatz →

unicef
Glühwein

Der Münchner Fasching ist eher gemütlich.
Munich's carnival is a very relaxed affair.

Der Tanz der Marktfrauen am Faschingsdienstag auf dem Viktualienmarkt lockt jedes Jahr tausende von Besuchern an.
The dance of the market women at the Viktualienmarkt on Shrove Tuesday attracts thousands of visitors each year.

Drei Mal im Jahr findet auf dem Mariahilfplatz in der Au die Auer Dult statt.
Three times a year the Auer Dult takes place at the Mariahilfplatz.

Dienstmädchen-Look ist Pflicht beim Kocherl-Ball am Chinesischen Turm (oben). – Mehr als 10 000 Menschen treffen sich bereits um sechs Uhr morgens im Englischen Garten und feiern den Kocherl-Ball (unten). • Dressing up as a house-maid, a must at the Kocherlball at the Chinese Tower (above). – More than 10,000 people meet up at 6 am already to celebrate the Kocherlball at the Chinese Tower of the Englischer Garten (below).

Die Open-Air-Kino- und Konzertabende auf dem Königsplatz sind jedes Jahr bestens besucht.
The open-air film and concert evenings at the Königsplatz draw a large audience every year.

Touristen und »Daheimgebliebene« feiern im August auf dem Olympiagelände das Olympiapark-Sommerfest.
Those at home and tourists alike partying at the Olympic Park Festival in August.

Treffpunkt der »Filmbegeisterten« ist im Juli das Filmfest im Gasteig.
Meeting-place for film enthusiasts: the Munich Film Festival at the Gasteig in July

Treffpunkt der Verliebten: Die kleine Säulenhalle mit Koren am Friedensengel
Meeting-place for lovers: the little columned hall with caryatids at the Friedensengel

Münchner Lebensart

München wird häufig als nördlichste Stadt Italiens bezeichnet: Zum einen hat München einige architektonische Anleihen in Florenz oder Rom genommen. Zum anderen und in erster Linie sind es aber die Menschen und ihr Lebensstil, die mit unseren Beinahe-Nachbarn im Süden manches gemein haben. Vielen Münchnern steht die lockere Lebensart der Römer oder Florentiner einfach näher als die der steifen Hamburger oder der disziplinierten Berliner. Wie sonst könnte man sich ihre Feierwut im Sommer erklären? Auf der anderen Seite sind sie aber auch arbeitsam und pflichtbewusst, denn anders könnte man sich das teure Pflaster München überhaupt nicht leisten. Wie kann man also den typischen Münchner und seine Lebensart charakterisieren?

»Den typischen Münchner« gibt es natürlich nicht, genauso wenig wie den typischen Italiener oder Hamburger. Als Individuum ist schließlich auch hier jeder Mensch verschieden. Es gibt jedoch einige »Eigenschaften«, die zumindest einen beachtlichen Teil der Münchner vom Rest der Welt unterscheiden und deshalb irgendwie ganz typisch sind für diesen Menschenschlag vor den Alpen.

Zu allererst ist der Münchner natürlich Bayer, und zwar Oberbayer. Die Oberbayern gehören wie die Niederbayern und die Oberpfälzer zu den altbayerischen Stämmen, die sich seit den Tagen der großen Völkerwanderung hier nahe der Alpen angesiedelt haben. Traditionsbewusst und katholisch sind die Bayern schon seit Jahrhunderten, und es kann nur als bloßer Neid angesehen werden, wenn über die auch heute noch intensiv gepflegten Bräuche im Norden gelacht wird. Bayern und Münchner sind stolz auf ihre Herkunft und Tradition und zeigen dies gern zu Hause und in der ganzen Welt.

Allein der Dialekt führt in manchen Regionen Deutschlands zu großem Unverständnis – und dies im wahrsten Sinne des Wortes. Die Münchner unterscheiden sich da zwar ein wenig vom Rest des Freistaats. Schließlich müssen in einer Stadt von Welt auch »Auswärtige« die Sprache verstehen, und so haben die Münchner eine Mischung aus Bayerisch und Hochdeutsch entwickelt, die heute als Münchnerisch bezeichnet werden kann. Dennoch gibt es etliche Wendungen, deren Bedeutung sich nicht jedem Nicht-Münchner auf Anhieb erschließt.

Im Vergleich zum redseligen Kölner oder Berliner wirkt der echte Münchner eher langsam und träge. Dies hat allerdings nichts mit mangelnder Fähigkeit zum Denken zu tun, sondern ganz im Gegenteil mit einer gewissen Schlitzohrigkeit. Der Münchner denkt halt erst, bevor er spricht, dann aber oft so gewaltig, dass dem Fremden Angst und Bange werden kann. Der Münchner braucht nicht viele Worte. Eine Eigenschaft, die vielen »Zuagroasten« zu Beginn ihres Aufenthalts in der bayerischen Metropole nicht selten Kopfzerbrechen bereitet.

Im Biergarten, diesem wundersamen Ort mitten in der Stadt, an dem sich die Münchner im Sommer am späten Nachmittag und Abend bevorzugt aufhalten, kann man einige der »Münchner Charakterzüge« besonders gut studieren. Will man dort mit den Einheimischen ins Gespräch kommen, so sollte man immer bedenken, dass der Münchner nichts Vorlautes mag. Diese Eigenschaft vermutet er in erster Linie bei allen Stämmen nördlich des so genannten Weißwurst-Äquators (womit die Mainlinie gemeint ist). Also erst einmal abwarten! Wenn er dann auch noch vor sich hinzugranteln beginnt, dann mag das zwar abschreckend wirken, muss aber noch nichts mit seinen wahren Gemütszustand zu tun haben. Grantig ist, wer Verärgerung vorgibt, aber noch gar keinen wirklichen Grund hat, verärgert zu sein. Ein Schutzmaßnahme quasi – eine präventive Verärgerung. Wer sich nach einer Zeit des Abwartens langsam aus der Deckung wagt, der kann zusammen mit den Münchnern einen wunderbaren Sommerabend in einem der schönen Biergärten erleben.

Was wäre München ohne seine Biergärten – diesen Orten des Lasters, der Kommunikation und Lebensfreude! Ein echter Biergarten zeichnet sich durch zwei Dinge aus: Es muss erstens erlaubt sein, seine Brotzeit selbst mitzubringen, und zweitens müssen große Kastanienbäume den Besuchern Schatten spenden können.

Diese beiden unverzichtbaren Merkmale der Biergärten haben historische Wurzeln.
Die Brauer waren früher gezwungen, ihr auf Vorrat gebrautes Bier über den Sommer zu bringen, und legten deshalb die Fässer in tiefe Keller weit unter Erde. Zusätzlichen Schutz vor der Sonne sollten noch große Kastanienbäume bieten, die über diesen Lagerräumen angepflanzt wurden. Zuletzt hatte man noch eine weitere glorreiche Idee: Die Brauer stellen unter den schattigen Bäumen Bänke und Tische auf und verkauften ihr Bier direkt ab Werk. Die Wirte der Lokale liefen dagegen Sturm. Eine Revolution drohte – wieder einmal. König Ludwig I. griff ein und erlaubte den Brauereien zwar, ihr Bier im Freien auszuschenken, jedoch war es ihnen untersagt, Speisen anzubieten. Wer unter den Bäumen zum Bier etwas essen wollte, der musste es sich selbst mitbringen. So entstanden die berühmten Münchner Biergärten.

Wie verträgt sich aber nun die bekannte Münchner Schickeria mit den doch eher gemütlichen Münchnern, die nichts mehr verabscheuen, als sich in den Vordergrund zu drängen?
München ist seit Jahrhunderten eine Theater- und Kulturstadt und hat deshalb schon traditionell ein sehr gutes Verhältnis zur Künstlerszene, aus der sich viele der »Wichtigen« und »Unwichtigen« rekrutieren. Schauspieler, Fernsehmanager, Filmproduzenten, einige Unternehmer und viele Mitläufer bilden den harten Kern der Münchner Gesellschaft. Viele von ihnen stammen gar nicht aus München und müssen schon deshalb nicht allzu ernst genommen werden.
Die Münchner sehen die Szene eher als eine Art Kabarett und schmunzeln über die großen und kleinen Gschichten und Skandälchen – und wenn es im März wieder warm wird in der Stadt, dann gibt es eh Wichtigeres: Die Biergärten machen auf, und die Straßencafés in der Leopoldstraße laden zu einem ersten Cappuccino im Freien ein.

Savoir-vivre in Munich

Munich is often labelled the most northern city of Italy. What with its influence of architectural outlines imported from Florence and Rome, and also with a certain relaxed way of life found here, which seems to relate more to someone from Italy than to a citizen from the somehow stiff Hamburg or disciplined Berlin. Nevertheless Munich people are industrious and driven by a certain sense of duty, otherwise they would not be able to afford to live in a expensive place like this. But how to describe a typical Munich inhabitant and his savoir-vivre? The typical Munich citizen does not exist of course – just as well as you will not find the typical man from Hamburg or the archetypal Italian.

Everybody here is – like anywhere else – an individual, and is therefore unique. There are a few characteristics, however, that can be applied to quite a considerable number of Munich citizens to tell them apart from the rest of the globe, and which also distinguish this special breed of people on this side of the Alps. First of all people from Munich are Bavarians, Upper Bavarians to be precise. For centuries Bavarians have been of the Catholic faith, and have been taking pride in their traditions. It can only be put down to envy when Northerners make fun of their customs that they still seriously look after today. Bavarians and people from Munich are proud of their origins and traditions, and do like to show this off at home and abroad. Take alone the local dialect which leads – in the truest sense of the word – to misunderstandings in other parts of Germany. Munich's natives differ a bit from the rest of Bavaria though. In a cosmopolitan city you have to make yourself understood to outsiders as well. That is why Munich developed a blend of Bavarian and High-German which is recognized today as the Munich idiom. There have remained, however, several idiomatic expressions which cannot be worked out by outsiders right away.

Especially in summer it is easy to meet the Munich inhabitants, particularly in a beer garden. And what would Munich be without its beer gardens, these ideal meeting-places to meet friends, relax and enjoy life? A real genuine beer garden has to offer two things: First of all it must allow you to bring your own food, and secondly ample chestnut trees to provide shade for the patrons. These two essential characteristics find their explanation in history. Brewers in the past were forced to get the beer they brewed ahead through summer. Therefore they stored it in wooden kegs in deep cellars far below the ground. Additional protection from sunshine was provided by the chestnut trees planted above these beer cellars. Finally somebody had the glorious idea to put up benches and seats under these shady trees, and sell the beer directly there. The landlords of the inns, however, ran riot. King Ludwig I had to intervene and allowed the brewers to serve beer in the open, but not any food. Hence if somebody wanted to have some food with his beer, he had to bring his own lunch. And this is how the famous Munich beer gardens evolved.

Die Blaskapelle im Hofbräuhaus am Platzl sorgt täglich für gute Stimmung.
The brass band of the Hofbräuhaus in the Platzl livens up the atmosphere daily.

←

In den Straßencafés auf der Leopoldstraße heißt es: Sehen und gesehen werden.
Seen and being seen in the street-cafés at the Leopoldstrasse

Sie starten in Wolfratshausen und enden an der Floßlände mitten in München: die lustigen Floßfahrten auf der Isar.
Starting in Wolfratshausen, finishing in the middle of Munich: entertaining raft rides on the Isar.

Mit 7000 Plätzen einer der größten Biergärten in München: der Biergarten am Chinesischen Turm
With 7,000 seats one of the biggest beer gardens in Munich: the beer garden at the Chinese Tower

Bei schönem Wetter sind die Straßencafés auf Münchens Prachtmeile, der Ludwigstraße, immer voll besetzt.
In good weather the street-cafés are always packed out on Munich's splendid boulevard, the Ludwigstrasse.

Bocciaspieler im Hofgarten
Playing bowls at the Hofgarten

Ausspannen vom stressigen Einkaufsbummel am Sendlinger Tor
Relaxing from a stressful shopping spree at the Sendlinger Tor
←

HEK DER MODERNE

Zwischen Tradition und Moderne

München ist zwar einerseits ein großes Dorf geblieben, hat sich aber gleichzeitig zur wichtigen High-Tech-Metropole entwickelt. Was in vielen anderen großen Städten Deutschlands zu erstauntem Kopfschütteln führen würde, ist in München Normalität: Am Viktualienmarkt im Herzen von München bieten immer noch Bauern aus dem Umland ihre Waren an, die Werbelogos der Firmen dürfen nicht auf den Bürohäusern angebracht sein, um das Stadtbild nicht zu verunstalten, die meisten Kneipen müssen auch am Wochenende schon um zwei Uhr dicht machen, und Menschen in Lederhosen oder Dirndl sind nicht nur während des Oktoberfests keine Seltenheit in der Stadt. Tradition hat in München eben einen hohen Stellenwert.

Gleichzeitig aber ist München Sitz von BMW und Siemens, zweier so genannter »Global Player«, die in ihren jeweiligen Branchen zu den ganz Großen zählen. Im Nordosten der Stadt liegt eines der wichtigsten Informationstechnologiezentren weltweit. Etwa ein Drittel der größten deutschen Datenverarbeitungs-, und Softwareunternehmen von Apple über Siemens haben sich in München angesiedelt. München gilt zudem als der größte Biotechnologie-Standort Deutschlands. Der Forschungscampus in Großhadern-Martinsried hat sich zu einem wahren Mekka der Biochemie und Neurobiologie entwickelt, und in Weihenstephan am nördlichen Rand von München entsteht derzeit ein Zentrum der »grünen Biotechnologie«.

Trotz Krise ist München immer noch die Medienstadt Nummer eins in Deutschland: Pro7, Kabel 1, RTL 2, TM3, DSF, Premiere oder MTV, alles Sender »made in Munich«. Im Medienzentrum München arbeiten über zehn Rundfunkanstalten. Fast 120 000 Menschen sind hier in der Medienbranche beschäftigt, das ist beinahe jeder zehnte Arbeitsplatz. Rund 280 Verlage machen München nach New York zur zweitgrößten Verlagsstadt der Welt. Für die morgendliche Lektüre hat der Münchner die Auswahl zwischen fünf großen Tageszeitungen.

Was macht diese Stadt aber für die Wirtschaft so attraktiv? Hierfür gibt es eine ganz Fülle von Gründen. Zum einen profitierte München von der misslichen Lage Berlins nach dem Zweiten Weltkrieg. In einer geteilten Stadt inmitten der russischen Besatzungszone sahen viele Unternehmen keine Zukunft mehr. München, das große Dorf im Süden im Zentrum des überwiegend landwirtschaftlich geprägten Freistaats Bayern, gewann so enorm an Attraktivität. Insbesondere die neuen, »sauberen« Technologien der Chipindustrie profitieren heute davon, dass München nie in dem Maße eine Industriestadt war wie beispielsweise Berlin oder Dortmund. Klare Luft ist in dieser Branche ein Muss.

Die Politik tat zudem was sie konnte, um Münchens Attraktivität zu erhöhen. Stadt- und Staatsregierung förderten Forschung und Wissenschaft und lockten somit Weltfirmen in die bayerische Landeshauptstadt.

Auch im viel diskutierten Bildungssektor ist München top. Die PISA-Studie bewies: Bayerische Schüler schneiden im Bundesdurchschnitt weit besser ab als Gleichaltrige in anderen Bundesländern. In München studieren heute mehr als 100 000 junge Leute, aus denen Wirtschaft und Wissenschaft ihren Nachwuchs rekrutieren.

Aber es gibt noch andere Gründe, die für München sprechen. So ist beispielsweise das Freizeitangebot in dieser Stadt fast unschlagbar. Im Sommer laden die vielen kleinen und großen Seen um München zum Baden ein, und die nahe gelegenen Alpen bieten sowohl in der warmen Jahreszeit als auch im Winter beste Freizeitmöglichkeiten. Kunst und Kultur genießen Weltruf, die verkehrstechnische Anbindung ist seit der Eröffnung des neuen Flughafens in Erding bestens, und die Kriminalitätsrate liegt weit unter dem Bundesdurchschnitt. München ist ein Schmelztiegel verschiedenster Nationalitäten. Heute ist fast jeder vierte Münchner ausländischer Abstammung; dabei sind gravierende Probleme mit Ausländern, wie sie in anderen großen deutschen Städten existieren, München erspart geblieben: ein deutliches Zeichen für Weltoffenheit und Liberalität, was auch ausländische Investoren zu schätzen wissen.

Natürlich hat diese große Attraktivität auch ihre Schattenseiten. So ist München für viele schlicht unbezahlbar geworden. Nicht nur die

Mieten sind ins Astronomische gestiegen, auch die übrigen Lebenshaltungskosten liegen deutlich über dem Durchschnitt. Familien mit Kindern sind dabei die Verlierer. München wird mehr und mehr zur Hauptstadt gut verdienender Singles, die mit den Kosten keine Probleme haben.
Dennoch sieht die Zukunft für München recht rosig aus. Die Münchner Messe wird weiter ausgebaut, und auch der neue Flughafen ist bereits jetzt schon wieder zu klein. Es bleibt zu hoffen, dass das Zusammenspiel zwischen »Laptop und Lederhose«, das in der Vergangenheit so gut funktionierte, auch in der Zukunft Bestand hat. Dann wird München, dieses sympathische Millionendorf am Rande der Alpen, seine Sonderstellung unter den großen Städten verteidigen und auch weiterhin die heimliche Hauptstadt Deutschlands bleiben.

Tradition und Moderne in unmittelbarer Nachbarschaft: vorn die Säulen der Pinakothek der Moderne, im Hintergrund die Alte Pinakothek
Tradition and modern age as next-door neighbours: in front the columns of the Pinakothek der Moderne, in the background the Alte Pinakothek
←

Stilvolles Genießen: Erholungssuchende vor der Glyptothek am Königsplatz
Enjoy in style: A rest in front of the Glyptothek at the Königsplatz

Between tradition and modern age

Munich has remained on one hand a big village, yet developed into an important metropolis of high-tech. What would cause raised eyebrows in many other German cities, does not cause any stir in Munich. At the Viktualienmarkt right in the heart of Munich, farmers from the surrounding countryside still offer their produce, company logos are not allowed to be fastened on to office buildings in order to preserve the cityscape. Most of the pubs have to be shut down by 2 am, even on a week-end, and people clad in traditional costumes are not a rarity and not limited to the Oktoberfest period. Tradition plays here an important role indeed. At the same time, Siemens and BMW, two so-called global players and leading in their field have their seat in Munich. Northeast of the city one of the most renowned IT-centres world-wide settled. Roughly a third of Germany's biggest data-processing companies and software corporations – from Siemens to Apple – have found a home in Munich. Moreover Munich is rated as one of the most influential bases for biotechnology. The research campus of Großhadern-Martinsried has become a Mecca for biochemistry and neurotechnology, and in Weihenstephan, which is situated on the most northern fringe of the city, a centre for "green biotechnology" is being built. Munich is also Germany's No. 1 media centre: Pro7, Kabel, RTL2, TM3, DSF, Premiere and MTV, all TV stations "made in Munich". The media scene includes ten radio stations, too. Nigh on 120,000 people work for the media industry, i.e. every tenth employee found work in this field. With about 280 publishing houses Munich is after New York the second biggest city of publishing. For a morning read you can choose among five daily newspapers.

But why is Munich so attractive for industry and commerce? There is a host of reasons. First of all Munich profited from the unfortunate situation Berlin found itself in after World War II. In a divided city, right in the middle of the Russian zone a lot of enterprises did not see a future anymore. Munich the big village in the South, the centre of the predominantly agricultural Free State of Bavaria gained therefore a lot of appeal. Especially new "clean" technologies, like the chip industry, benefit considerably that Munich never became a booming industrial city like Berlin or Dortmund. Unspoilt air is a must for this branch of industry. Politics as well tried hard to make Munich popular for commerce. State and city council supported research and science projects and could coax many a big firm of world-wide renown into the Bavarian capital. Also in the hotly discussed field of education Munich is leading. Bavarian pupils come off better on average than their peers in other parts of Germany. More than 100,000 students are studying in Munich, a recruiting pool for industry and science. But there are more points of favour for the Bavarian metropolis.

The recreational facilities on offer are hard to be matched. In summer there are numerous lakes where you can go for a swim and relax, and the nearby Alps provide an abundance of outdoor activities nearly all year round. Art and culture programmes on offer enjoy a world-wide reputation. Traffic connections are excellent since the new airport in Erding was inaugurated. The crime-rate is well below the national average. Munich is also a melting-pot of different nationalities. Today every fourth citizen is of foreign descent, yet at the same time Munich has been spared real severe racial problems unlike other German cities. Having tolerance and a liberal-mind are two qualities appreciated by investors from abroad. It goes without saying that all these advantages have their drawbacks too. Munich is for many simply prohibitively expensive. Rents are preposterously high, and the cost of living is well above the national average. Especially families with children are losing out. Munich is turning more and more into a capital for the well-earning singles. Nevertheless Munich's future is looking rosy. Munich's trade and fair centre will be enlarged, and also the new airport which has already become too small for its demands. Let's hope the interaction of "lederhosen and laptop" will keep on working as well as it has done so far. Then Munich, the pleasant "village of a million inhabitants" at the edge of the Alps will defend its outstanding position among the other big cities and will remain the secret capital of Germany.

Das alte Rathaus am Marienplatz wirkt mit seinen vielen Türmchen wie ein Schloss aus vergangenen Zeiten.
The Old Town Hall with its numerous little turrets resembles a palace of times long gone by.

Alt und ehrwürdig: der Eingang der Staatsbibliothek, im Hintergrund die Ludwigskirche
Old and venerable: the entrance of the State Library, in the background the Ludwigskirche

Das Hochhaus der Hypo-Vereinsbank ist einer der wenigen Wolkenkratzer in München.
One of the few sky-scrapers in Munich: The Hypo-Vereinsbank building

1998 wurde das neue Messegelände in München-Riem eröffnet
In 1998 the new trade and fair centre was opened in Munich-Riem

Die Herz-Jesu-Kirche in Neuhausen brannte 1994 vollständig ab und wurde in völlig neuer Architektur wieder aufgebaut.
The Herz-Jesu-Kirche in Neuhausen burnt to the ground in 1994 was completely redesigned.

Die Kirche St. Lukas wurde zwischen 1892 und 1897 von Albert Schmidt erbaut und erhebt sich heute majestätisch über der Isar.
St Lukas Kirche, built by Albert Schmidt between 1892 and 1897, rises majestically above the Isar.

Pünktlich um zwölf Uhr beginnen die Schäffler des Glockenspiels im Turm des neuen Rathauses zu tanzen.
At noon on the dot: the Morris men of the carillon do their dance in the tower of the New Town Hall.

In Form eines Vierzylinders errichtet: das BMW-Hochhaus am mittleren Ring
Resembling a four-cylinder engine: the high-rise building of BMW at the Mittlerer Ring

Der bayerische Löwe an der Feldherrnhalle wacht über die Theatinerkirche.
The Bavarian Lion at the Feldherrnhalle is watching over the Theatinerkirche. ➔

Der neue Flughafen »Franz-Joseph-Strauß« in Erding bei München
The new airport "Franz Joseph Strauß" in Erding near Munich

München besitzt eines der modernsten und best ausgebauten U-Bahnnetze Europas. Auch die U-Bahnhöfe haben hier ihren Reiz.
Munich can boast of one of the most modern and well developed underground networks in Europe. Even the stations hold a certain charm.

Bereits die ersten warmen Sonnenstrahlen im März locken die Münchner in ihr zweites Wohnzimmer: den heiß geliebten Biergarten.
Beloved beer garden: the first warm rays of sunshine make people flock to their second sitting room already in March.

Silvesterfeuerwerk am Marienplatz
Fire works on New Year's Eve at the Marienplatz

Sonderausgabe

Englische Übersetzung: Andrea Morgan, Freising
Satz: lithotronic media GmbH, Frankfurt am Main
Lithografie: Repro Ludwig, Zell am See
Druck und Bindung: Druckerei Theiss GmbH, St. Stefan im Lavanttal
Printed in Austria

ISBN 978-3-475-53925-1